La majeure partie de cette étude a paru dans la
REVUE ECONOMIQUE INTERNATIONALE DE BRUXELLES

## DU MÊME AUTEUR

# Les Grains et le Marché d'Anvers

**1 vol. in 8° 677 pages, fr. 15. — franco.**

*Extraits de comptes-rendus de quelques journaux :*

**Geo Dornbusch's Evening Cargoes List, Londres.** All can be assured that the perusal of this handsome volume will be amply repaid by the knowledge it imparts....

**La Métropole, Anvers.** C'est un gros volume d'environ 700 pages d'une exécution matérielle impeccable qui constitue véritablement une encyclopédie du commerce des grains....

**La Meunerie Belge, Bruxelles.** Ce livre est l'œuvre d'un licencié et docteur en sciences commerciales ayant parachevé ses études par plusieurs années de pratique. Dans le bureau du meunier aussi bien que dans le cabinet de l'avocat, il a sa place — et bonne place — marquée....

**Le Matin, Anvers.** Très rares sont les ouvrages permettant de s'instruire dans cette branche importante. L'auteur a très intelligemment comblé cette lacune ...

**L'Indépendance Belge, Bruxelles.** Ce volume est une œuvre remarquable par les innombrables renseignements qu'on y trouve, par son style clair, ses exposés simples et nets et c'est une œuvre bien complète, utile à l'avocat comme au négociant, indispensable, nous le répétons, à tout gros commerçant en grains ou graines.

---

## Commentaire des travaux du Congrès International de St.-Pétersbourg

1 vol. in 8°, fr. 1.— franco.

EN VENTE

chez l'auteur, **rue de la Petite Ourse, 8, Anvers**

et chez les principaux libraires.

# Le Coin des Grains à la Bourse d'Anvers

par

**Paul VAN HISSENHOVEN**

Docteur en Sciences Commerciales
Juge au Tribunal de Commerce d'Anvers

ANVERS
IMPRIMERIE DU CENTRE
26, Rempart Kipdorp, 26
— 1914 —

M. CHARLES CORTY,

Président de la Chambre de Commerce d'Anvers.

# PRÉFACE

de

M. CH. CORTY, Président de la Chambre de Commerce d'Anvers.

---

*Anvers, le 8 avril 1914.*

*Mon cher Monsieur,*

*C'est avec plaisir que je fais droit à votre demande d'écrire quelques mots de préface à votre étude sur « Le Coin des Grains à la Bourse d'Anvers. »*

*Je ne saurais mieux synthétiser ma pensée qu'en vous disant qu'avec un art consommé vous avez « photographié » le commerce des grains : votre photographie est vivante et semble refléter parfaitement la physionomie actuelle de cette branche si importante de l'activité de notre grand port. A cet égard, deux chiffres suffisent : le tonnage total des importations à Anvers s'élevant à environ douze millions de tonnes et le tonnage total des grains et graines de toutes espèces qui s'éleva en 1912 à un peu moins de quatre millions de tonnes.*

*Cependant, ce n'est pas dans un regret sincère, que je constate le recul sérieux dont, depuis, notre port souffre comparativement à ses concurrents. Est-ce pour cette raison que se dégage de votre étude un certain sentiment de pessimisme que vous me pardonnerez de ne pas partager entièrement ?*

*Les deux dernières années ont été particulièrement désastreuses pour le commerce des céréales. Les troubles d'ordre politique et économique, diverses récoltes déficitaires, la crise financière et le resserrement du crédit, une longue période d'insécurité énervante, telles furent les causes principales du ralentissement de ce commerce. Si l'on y ajoute l'insuffisance de nos installations maritimes et des appareils modernes de transbordement mécanique, on comprend la situation précaire et pénible dans laquelle se trouve actuellement le commerce qui vous est cher.*

*Mais ne désespérons pas. Comme vous le dites très bien, l'histoire nous montre les brusques revirements dont ce commerce est l'objet. D'autre part, les pouvoirs publics se sont enfin rendu compte de la lourde responsabilité qui pèse sur eux et des devoirs urgents qui leur incombent pour permettre à notre port de regagner le temps perdu. Les mesures importantes, prises ces derniers temps, nous sont un sûr garant de l'octroi prochain des améliorations que nous n'avons cessé de réclamer à grands cris.*

*Laissez-moi, en terminant, vous présenter, mon cher Monsieur, mes bien cordiales félicitations pour votre intéressante étude et lui souhaiter tout le succès qu'elle mérite.*

CH. CORTY.

# LE COIN DES GRAINS

à la

## BOURSE D'ANVERS

QUATRE milliards de kilos, huit cents millions de francs, telles sont, en deux mots et en chiffres approximatifs, la quantité et la valeur des céréales importées à Anvers dans le courant de l'année 1912.

Ces chiffres embrassent tous les grains et graines sans distinction ; notamment les froments, seigles, orges, avoines et maïs, les graines de lin, fèves, haricots, pois, etc. Notre étude s'appliquera cependant plus particulièrement aux premiers, les seconds formant en quelque sorte « bande à part » dans le commerce de grains.

Les limites d'un article de revue ne nous permettent pas d'entrer dans les innombrables questions de détail qui, nécessairement, font partie intégrante d'un commerce aussi vaste, de beaucoup le plus important du monde entier, puisque la production mondiale des blé, seigle, orge, avoine et maïs dépassait trois cent trente-cinq millions de tonnes de mille kilos en 1913.

Sans vouloir faire une incursion dans le domaine industriel, force nous est cependant de passer rapidement en revue les usages auxquels servent les grains.

Parlons d'abord du froment, le grain le plus important pour notre marché.

Suivant sa teneur en gluten et en amidon, le froment, préalablement réduit en farine dans les meuneries, est utilisé par les industries de la boulangerie, de la pâtisserie, de l'amidonnerie, de la distillerie et de la brasserie. Les résidus de mouture et de triage : sons, vesces, etc., sont utilisés sous différentes formes pour la nourriture du bétail.

Le seigle est employé en distillerie à la fabrication des alcools, mais il a trouvé des concurrents très sérieux dans le maïs et le froment, qui l'ont partiellement supplanté dans cette industrie. Après mouture, il s'emploie également en boulangerie, usage jadis très répandu dans notre pays. Le pain de seigle sert encore beaucoup, en Allemagne, à la nourriture des hommes.

L'orge, qui dans le commerce est encore revêtue de son enveloppe appelée « bale » s'emploie principalement en distillerie et en brasserie, grâce à ses propriétés germinatives très développées.

Dépouillée de son enveloppe et arrondie par la meule, elle sert en très modestes proportions à l'alimentation humaine, dans la préparation des potages et en pâtisserie, où on la mélange au bouillon, au lait, à l'eau et au beurre. Dans quelques centres de production, on mélange les farines d'orge et de froment pour la confection du pain. Grossièrement moulue ou même à l'état naturel, l'orge est un article de consommation pour le bétail; la race porcine notamment en fait ses délices.

Nous n'avons qu'un mot à dire de l'avoine : elle est employée principalement à la nourriture des chevaux ; on en fait cependant aussi quelque usage dans l'industrie de la brasserie et de la boulangerie. En Angleterre, et plus encore en Écosse, on la consomme beaucoup sous forme de pain, biscuits, gruaux, etc.

Quant au maïs, dont les usages sont très divers, les petits grains servent à l'alimentation de la volaille et les grains moyens à l'alimentation du bétail. Les gros grains sont employés en amidonnerie et en distillerie à l'extraction de l'huile de maïs, et les grains blancs et jaune-pâle sont utilisés en boulangerie. Les grains moyens et gros, broyés avec l'orge, servent à l'alimentation des porcs. Préparé sous différentes formes, le maïs joue en Amérique un rôle très important dans l'alimentation du peuple.

* * *

Quels sont nos principaux pourvoyeurs de grains ?

Nous pourrions les diviser en six groupes principaux qui sont : l'Amérique du Nord, l'Amérique du Sud, les pays du bassin de la Mer Noire et de la Mer Baltique, enfin les Indes et l'Australie.

Quoique la production des États-Unis soit formidable et se chiffre en 1913 pour l'ensemble des quatre articles: blé, maïs, orge et avoine, à cent et cinq millions de tonnes de mille kilos, notre commerce avec ce pays n'a plus l'importance *relative* qu'il avait jadis. La consommation indigène absorbe la très grosse part de la production et les prix sont très souvent au-dessus de la parité des cours pratiqués chez nous pour les céréales d'autres provenances. Ces dernières années toutefois, nos importations de blé des Etats-Unis ont été assez considérables ; celles du Canada progressent dans de fortes proportions. Ces deux pays nous ont fourni en 1911, 305,000 et en 1912, 438,000 tonnes de blé; en 1911, 3,000 (trois mille) et en 1912, 56,000 tonnes d'avoine.

Les Etats-Unis nous ont livré, en 1911, 75,000 et en 1912, 30,000 tonnes de maïs. On voit que notre mouvement commercial grainier avec l'Amérique du Nord est très irrégulier, mais, sous peu, il s'étendra sans doute considérablement, grâce à la percée de l'isthme de Panama. Pas plus que les autres marchés cependant, celui d'Anvers ne peut se soustraire à l'influence magnétique des bourses américaines et plus spécialement de la bourse de Chicago. Cœur du commerce des grains, Chicago fait ressentir au loin ses plus faibles tressaillements. Dans les vallées des Ardennes comme dans les montagnes du Caucase, dans la steppe de la Sibérie comme dans la pampa de l'Argentine, se répercute chaque pulsation de cet organisme à la fois sensible et formidable. Souverain incontesté des marchés de grains, Chicago règne en tyran sur ses sujets passifs. A sa voix puissante, tout se tait et tout obéit. Quand il ordonne un assaut des cours, les prix marchent, bondissent, s'élancent avec frénésie et sèment autour d'eux ruines et cadavres de baissiers ; quand il commande la retraite, les prix reculent, jettent partout le désarroi, affolent les malheureux haussiers dont plusieurs viennent allonger la lugubre liste des suicides.

Voilà, hélas! pour la foule éblouie et inconsciente du Vieux-Monde; car la bourse de Chicago obéit docilement aux impulsions parfois fantaisistes que lui impriment les grands spéculateurs américains.

*
* *

Le second groupe comprend les pays producteurs de céréales de l'Amérique du Sud et plus spécialement la République Argentine et l'Uruguay, dont les céréales dominantes sont le blé et le maïs ; moins importante est l'avoine dont le commerce va cependant en augmentant. D'année en d'année, s'accroît le volume de nos transactions avec l'Argentine et étant donné la diversité des latitudes sous lesquelles l'on fait la récolte, le temps généralement beau dont jouit ce pays et la faveur croissante dont il est l'objet de la part des émigrants européens, l'on peut s'attendre à un trafic toujours plus considérable entre Anvers et les ports argentins. Nous aurons cependant l'occasion de parler plus loin du grand danger qui menace le bel essor qu'ont pris, depuis quelques années, nos relations commerciales avec ce centre de production. Toutefois, l'importance que nous attachons aux nouvelles concernant les récoltes en Argentine ne résulte pas seulement du commerce de céréales entre nos deux pays, mais surtout du fait des intérêts financiers très importants qu'Anvers possède dans l'Argentine ; la principale, sinon l'unique source de richesse y est l'agriculture, et toute mauvaise nouvelle des récoltes exerce sur ces intérêts financiers une influence déprimante bien compréhensible. Signalons à ce propos que, même dans un pays aussi propice à l'agriculture, la récolte peut être très déficitaire, comme nous en avons eu l'exemple pour le maïs en 1911. Notre port n'a reçu environ que le quart de ce qu'il reçoit en temps normal, soit 79.000 tonnes contre 310,000 en 1912. D'autre part, nous avons reçu 510,000 tonnes de blé en 1911 contre 400,000 tonnes en 1912 (sur une exportation totale de 2,630,000 tonnes de blé en 1912). Pour l'avoine, les chiffres sont respectivement 76,000 et 73,000 tonnes (37,000 en 1910).

* * *

Le troisième groupe des pays exportateurs de grains comprend les régions situées au nord et à l'ouest de la Mer Noire, notamment la Russie, la Roumanie, la Bulgarie et au-delà, la Serbie.

Nos relations avec la Roumanie sont très anciennes et des plus régulières ; ce pays trouve même en nous son meilleur client de blé et certaines années, nous importons presque la moitié (en 1912: 645,000 tonnes sur 1,500,000) de toute la production de blé exportée de la Roumanie.

Nous pensons qu'il faut trouver le motif de cet état de choses dans le fait que les blés de la Roumanie forment l'aliment principal de nos meuneries, grâce à leur homogénéité, leur propreté et la constance de leurs qualités. Dans les pays voisins, la France et une partie de l'Allemagne, le fond de la matière première des meuneries est constitué par le grain indigène, également riche en amidon, auquel on ajoute un blé plus riche en gluten, par exemple, le blé russe. La production indigène étant en Belgique loin de suffire à nos besoins, nos minoteries ont recours surtout aux blés du Danube, blés de Roumanie et de Bulgarie Il est à remarquer, toutefois, que cette suprématie des blés roumains tend à disparaître petit à petit car les perfectionnements modernes des meuneries permettent d'utiliser les grains les plus défectueux, les plus sales et les plus durs, de sorte qu'actuellement on recourt volontiers à des produits qu'on se serait bien gardé d'employer il y a une vingtaine, voire même une dizaine d'années A ces considérations, il y a lieu d'ajouter que les blés d'autres provenances, peu abondants jadis, viennent aujourd'hui concurrencer très sérieusement les blés du Danube ; il en est ainsi des blés provenant de l'Argentine, du Canada et des Indes, pays dont l'exportation des céréales, surtout vers la Belgique, n'était guère organisée, ou l'était mal, il y a une quinzaine d'années.

Voici les chiffres de nos importations originaires de la Roumanie et de la Bulgarie en 1912 : Blé 645,000 tonnes (1911 : 795,000 tonnes; 1910 : 715,000 tonnes). Orge 195,000 tonnes (1911 : 215,000 tonnes; 1910 : 135,000 tonnes). Maïs 305,000 tonnes (1911 : 280,000 tonnes ; 1910 : 177,000 tonnes).

* * *

Quant à nos transactions avec la Mer Baltique, notamment avec la Russie orientale et l'Allemagne septentrionale, elles sont assez irrégulières, mais revêtent, certaines années, une grande importance ; elles s'étendent principalement au blé et à l'avoine.

* * *

Si nous passons à l'Empire des Indes, nous constatons que notre commerce de grains avec ce pays se limite au blé et à l'orge (certaines années, nous importons également de grandes quantités de maïs) et qu'il a fait, ces dernières années, de très sensibles progrès dus à diverses causes, parmi lesquelles nous pouvons signaler les suivantes. Non seulement la production a été favorisée par une température meilleure, mais les transformations opérées dans l'industrie de la minoterie permettent d'utiliser actuellement le blé des Indes, bien qu'il soit particulièrement dur et sec. Ce blé a la spécialité d'absorber beaucoup d'eau et il est de ce chef d'un rendement avantageux en meunerie ; seulement, il ne peut être employé dans les mélanges avec les blés des autres provenances que dans de petites proportions, sinon la croûte du pain qui en est fait se détache de la mie.

Le grand obstacle qui s'opposait antérieurement à la mouture du blé des Indes résidait dans la présence d'un pourcentage très élevé de corps étrangers, notamment de pierres, de terre et de poussière. Cet état de choses provenait surtout du fait que les paysans hindous ne disposent guère, en général, de machines agricoles modernes et qu'ils ont l'habitude d'enfouir leur grain, à défaut de silos propres à le loger. Si, d'une part, les meuniers ont apporté à leurs installations des changements tels qu'ils peuvent employer une matière première très chargée d'impuretés, il faut reconnaître, d'un autre côté, que les exportateurs ont très sensiblement amélioré le produit en procédant à une certaine épuration avant l'em-

M. G.-L. STUYCK

M. AUGUSTE CASSIERS

M. HENRI CLAESSENS

Les trois derniers Présidents de la Chambre arbitrale et de conciliation pour Grains et Graines d'Anvers.

barquement de la marchandise. Ils y ont d'ailleurs été contraints par les acheteurs qui n'ont plus voulu traiter que «sur base pure», c'est-à-dire que les vendeurs sont obligés de payer des bonifications convenues, en compensation de la présence, si minime soit-elle, de poussières, graines oléagineuses, etc.

La presque totalité de notre trafic avec les Indes se fait par le canal de quatre puissantes maisons européennes dont deux sont anglaises, une grecque et une française, opérant chez nous par l'entremise de leurs succursales ou de leurs agents, suivant les cas.

En 1912, nos importations de blé se chiffraient par 215,000 tonnes, contre 155,000 tonnes en 1911 et 52,000 tonnes en 1910. Pour l'orge, elles étaient de 145,000 tonnes en 1912, 20,000 tonnes en 1911 et seulement 1,000 tonnes en 1910.

*
* *

Il nous reste, enfin, quelques mots à dire au sujet de notre commerce de céréales avec l'Australie, qui nous a fourni 65,000 tonnes de blé en 1912. (La culture des autres grains y est encore très peu développée). Ce chiffre est en décroissance par rapport aux années précédentes, car nous avons reçu en 1911, 90,000 tonnes et en 1910, 188,000 tonnes.

Nous ne croyons pas, cependant, que ce recul, qui est dû à des causes accidentelles, s'accentuera dans la suite; il y a néanmoins peu d'espoir de voir nos relations avec ce pays prendre une grande extension. L'Australie, en effet, ne produit que des blés de qualité tout à fait supérieure, et nos meuniers ne se décident que rarement à payer d'aussi hauts prix que l'Angleterre, la France méridionale, l'Italie et la Suisse. Les transactions avec ces deux derniers pays se sont beaucoup développées ces dernières années, grâce au fait que des lignes régulières de vapeurs relient maintenant les ports de la Méditerranée à l'Australie, et permettent ainsi l'expédition de blés par petits lots, ou «parcels» (terme opposé à « cargaisons complètes) » vers ces ports et vià Gênes ou Marseille vers la Suisse, tandis que jusqu'en ces dernières années, toutes les expéditions se faisaient par voiliers. Ceux-ci étaient toujours et sont encore très souvent dirigés « pour ordres », et d'ordinaire dans un port de la Manche, où le propriétaire de la cargaison leur faisait connaître définitivement le port dans lequel ils avaient à opérer le débarquement.

*
* *

Les céréales récoltées en Belgique ne retiennent guère l'attention du haut commerce de grains à Anvers ; la production indigène est néanmoins relativement abondante et elle provoque une accalmie sérieuse dans les affaires en grains à Anvers, pour peu qu'elle dépasse la normale et soit de nature à donner satisfaction sous le rapport de la qualité et du conditionnement. Le trafic se répartit sur tous les marchés de l'intérieur du Royaume.

Le Belge consomme en moyenne 225 kilogrammes de blé par an. Il vient immédiatement après le Canadien (avec 228 1/4 kilogr.) et il est suivi d'assez loin par le Français, l'Espagnol, l'Anglais, le Suisse, etc. La consommation totale de la Belgique, d'après la population, s'élève donc à environ 1,650,000 tonnes de blé, à laquelle il faut pourvoir par la récolte du pays et par l'importation de produits exotiques. Bon an, mal an, la récolte du blé indigène se chiffre par 400.000 tonnes. Celle du seigle s'élève à 580.000 tonnes, celle de l'avoine à 511.000 tonnes et celle de l'orge à 92,000 tonnes. Ces données se rapportent à l'année 1912.

Sans insister sur ce point qui sort un peu du cadre de notre étude, nous passerons en revue les importations de céréales au port d'Anvers, chiffres qui ne comprennent pas les arrivages à Anvers de produits indigènes, ni ceux représentant les quantités reçues par les autres ports ou villes intérieures belges et qui ne passèrent pas par Anvers.

| | 1913 (*) | 1912 | 1911 | 1910 |
|---|---|---|---|---|
| | | — | — | — |
| Blé . . . . . | 1,844,323 | 1,843,384 | 2,165,483 | 1,952,645 |
| Seigle . . . . | 128,810 | 53,878 | 85,894 | 69,037 |
| Maïs. . . . . | 546,560 | 744,805 | 576,407 | 642,805 |
| Orge. . . . . | 320,180 | 462,405 | 353,103 | 291,379 |
| Avoine. . . . | 170,462 | 227,332 | 182,165 | 155,441 |
| Totaux. . . | 3,01[illegible],340 | 3,331,804 | 3,363,052 | 3,111,307 |

D'autre part, l'exportation, importante seulement pour le blé, le maïs et l'orge, s'est élevée l'année passée respectivement à environ 500,000, 250,000 et 100,000 tonnes, le premier chiffre pouvant être majoré d'environ 80,000 tonnes exportées sous forme de farine de froment.

La question qui se pose naturellement ici est celle de savoir quelle figure nous faisons à côté de notre grand rival, Rotterdam, et quelles sont les causes dominantes de l'état de choses que nous constatons. Voici tout

(*) Les statistiques des importations à Anvers en 1913 nous ont été gracieusement communiquées par une importante maison de surveillance de céréales de notre ville. Ces chiffres concordent d'ordinaire dans leur ensemble avec les statistiques officielles lesquelles, suivant certains renseignements reçus du Ministère des Finances, ne paraissent, pour l'année 1913, qu'au mois de septembre 1914. Les statistiques des importations par pays d'origine n'étaient pas établies au moment de la publication de la présente étude.

d'abord les chiffres des importations à Rotterdam :

| | 1913 | 1912 | 1911 | 1910 |
|---|---|---|---|---|
| | — | — | — | — |
| Blé. . . . . | 2,018,258 | 1,582,217 | 1,469,900 | 1.827,140 |
| Seigle. . . . | 554,278 | 470,830 | 613,075 | 496,149 |
| Maïs . . . . | 742,553 | 689,025 | 559,990 | 439,395 |
| Orge . . . . | 817,335 | 627,635 | 838,981 | 759,520 |
| Avoine . . . | 512,053 | 813.8[illegible]5 | 491,605 | 462,235 |
| Totaux . . | 4,644,477 | 4,183,532 | 3,973,551 | 3,984,430 |

Si nous prenons l'ensemble des importations des blé, seigle, maïs, orge et avoine, nous trouvons que pendant la période quinquennale comprise entre 1904 et 1908, Anvers importa en moyenne, par an, 2,800,000 et Rotterdam 2,980,000 tonnes, soit un excédent de 180,000 tonnes par an en faveur de Rotterdam. Les grands progrès accomplis par notre redoutable concurrent sont faciles à saisir par les données ci-après qui montrent les importations des deux ports pendant les années 1908-1913 :

| | Anvers | Rotterdam |
|---|---|---|
| | — | — |
| 1908 . . . . . | 2,550,615 | 2,670,940 |
| 1909 . . . . . | 2,885,291 | 3,445,780 |
| 1910 . . . . . | 3,111,307 | 3,984,430 |
| 1911 . . . . . | 3,363,052 | 3,973,551 |
| 1912 . . . . . | 3,331,804 | 4,183,532 |
| 1913 . . . . . | 3,010,340 | 4,644,477 |

La moyenne quinquennale des années 1908-1912 accuse 600.000 tonnes en notre défaveur en regard de 180,000 tonnes constatées dans la moyenne quinquennale précédente et l'excédent en faveur de Rotterdam monte graduellement de 120,000 tonnes en 1908 à 850.000 tonnes en 1912 et à 1,634,137 tonnes en 1913 !

Si nous exprimons les importations d'Anvers par le chiffre 100, nous voyons qu'à Rotterdam en 1908 elles s'exprimaient par le chiffre 100,87 et qu'en 1912, elles atteignaient 120, pour arriver à 154 en 1913 !

C'est donc avec quelque apparence de raison que nous jetons un cri d'alarme en faveur de notre métropole commerciale.

* * *

Non point, évidemment, que le commerce des grains éprouve une tendance à déserter complètement le marché d'Anvers, puisque les chiffres relevés plus haut montrent que les besoins du pays sont suffisamment grands pour entretenir un trafic considérable, mais le commerce avec l'hinterland allemand, qui devrait être normalement la plus grande source de notre activité, se déplace lentement mais sûrement d'Anvers pour devenir l'apanage de Rotterdam.

Ajoutez à cela que les difficultés de communication par voie d'eau entre Anvers et la partie orientale et méridionale de la Belgique permettent à Rotterdam de détourner à son profit un trafic important, les blés destinés aux meuniers de ces régions belges étant expédiés plus vite et à moins de frais par Rotterdam que par Anvers.

Pour peu que le gouvernement se mette un jour en devoir d'abolir les droits compensateurs de 2 francs par cent kilos qui grèvent l'entrée des farines en Belgique, les importations de blé, l'objet principal de notre commerce de grains, en subiraient un contrecoup des plus fâcheux, par suite de la concurrence que ne manqueraient de faire aux farines nationales, les farines de provenance étrangère et notamment les farines françaises.

Ces circonstances réunies ne tarderaient pas à créer au détriment d'Anvers et en faveur de Rotterdam un véritable exode des maisons s'occupant chez nous du commerce des grains, exode d'autant plus facile à prévoir que nombre de ces firmes sont étrangères et quitteraient sans regrets le pays qui se refuse à les enrichir.

Qu'ont fait les autorités compétentes et que devaient-elles faire pour remédier au déplorable état de choses que tout le monde peut constater ?

A la première question, il n'y a qu'un mot à répondre : « Rien ». Passons à la seconde. Le principal grief des Anversois s'adresse à l'autorité communale, qui, sous la pression des clans politiques démocratiques, a instauré et s'obstine à maintenir le principe de la régie en matière d'élévateurs à grains. Ces engins, fonctionnant à l'air raréfié, aspirent le grain dans les flancs du navire importateur par de larges tuyaux et l'élèvent à une hauteur d'environ 30 mètres ; il pénètre alors dans une chambre de détente d'où il descend dans d'autres tuyaux et, après avoir été pesé, il s'écoule dans le bateau réceptionnaire. Certains systèmes présentent des facilités pour la mise en sacs, permettant ainsi la prompte expédition par chariot ou wagon.

Divers avantages se rattachent à l'emploi des élévateurs : le principal d'entre eux réside dans la rapidité de la délivrance de la marchandise. Une cargaison de grains de 5.000 tonnes se décharge normalement en quatorze jours au moyen du travail manuel, tandis qu'un élévateur peut opérer le même travail théoriquement en deux jours et demi, si la cargaison n'est pas composée de trop de parties différentes et si la réception se fait tout entière en allèges. Dans la pratique, le délai est un peu plus long, parce qu'un vapeur contient d'ordinaire de nombreux lots ou « parcels » (par opposition à « cargaisons complètes ») de natures et qualités diverses, qu'il faut décharger en allège, sur wagon et sur chariot. Tel est le cas surtout à Anvers, où l'importance des parcels d'une même qualité est relativement minime. Ainsi, on a constaté qu'en 1911 l'importance moyenne des parcels de même qualité, déchargés au moyen des élévateurs, était de 127 tonnes, chiffre qui s'est fixé à 139 tonnes en 1912 et s'y est maintenu en 1913. Les lots expédiés à Rotterdam sont d'ordinaire non seulement plus uniformes et plus considérables, mais leur débarquement s'opère toujours directement en allège, quelle que soit leur destination finale, alors qu'à Anvers le déchargement doit souvent être interrompu pour permettre la mise sur wagon, sur quai, etc. Cette grande célérité des opérations de transbordement à Rotterdam limite à quelques jours, l'on pourrait presque dire à quelques heures, l'immobilisation des navires de mer, ce qui permet aux armateurs de réduire les taux de fret maritime pour ce port. Les allèges envoyées par le réceptionnaire le long du bord du vapeur sont pareillement chargées en peu de temps, de sorte que le fret fluvial vers l'hinterland est également plus favorable de Rotterdam que d'Anvers. Les conditions de vente prévoyant d'ordinaire le paiement au comptant à la livraison de la marchandise, ou à un terme à compter à partir de cette livraison, le vendeur rentre plus tôt dans ses fonds lorsque la marchandise est déchargée au moyen des élévateurs, et les intérêts qu'il acquiert de ce chef lui permettent de réduire d'autant son prix de vente en faveur des acheteurs recevant leurs grains par Rotterdam.

Les grains, et plus spécialement le maïs, étant une marchandise périssable, exigent une grande célérité dans l'expédition ; tout obstacle à celle-ci entraîne des pertes incalculables : les lenteurs inhérentes au travail manuel sont une des causes de la diminution du transit des grains par Anvers.

Nos redoutables concurrents d'Outre-Moerdyk ont bien vite compris que pour détourner le commerce de transit de l'Allemagne, de la Suisse et même de la partie orientale de la Belgique, leur grand port devait être outillé de façon moderne. La décision des autorités compétentes fut prompte et énergique : le port reçut en quelques années une extension énorme, à telle enseigne que les bassins de Rotterdam, exploités ou en voie de construction, couvrent actuellement une superficie totale d'environ 560 hectares (rive gauche 185, rive droite 85, Waalhaven 310, outre 40 kilomètres de quais), Leur politique économique fut clairvoyante et dépourvue du souci d'intérêts personnels.... Des sociétés commerciales obtinrent l'autorisation de pourvoir à l'outillage du port et de l'exploiter en libre concurrence. Aussi, dès 1905, se créa-t-il une société pour l'achat et l'exploitation d'élévateurs à grains. L'opposition que souleva au début ce mode nouveau de débarquement obligea la société à un chômage désastreux. Cette opposition fut néanmoins vaincue définitivement deux ans plus tard et en 1908 six élévateurs à grains fonctionnaient à Rotterdam ; en 1910, il y en avait dix et aujourd'hui il y en a vingt-six. Sous le rapport de la main-d'œuvre, l'expérience a été concluante : si au début il y eut quelque désarroi dans le camp des débardeurs, ceux-ci trouvèrent bien vite dans les autres branches du commerce une ample compensation ; car lorsqu'en 1909 et les années suivantes, les élévateurs existants ne pouvaient faire face au trafic toujours croissant et qu'il fallut avoir recours à la main-d'œuvre, celle-ci fut toujours très peu abondante, voire très difficile à obtenir.

En regard de la situation brillante que s'est acquise Rotterdam, celle d'Anvers apparaît momentanément diminuée. Les autorités communales anversoises, sur les instances des groupements ouvriers, s'opposèrent le plus longtemps possible à l'introduction des élévateurs à grains. En 1910 se constitua à Anvers une société anonyme au capital de 1,250,000 francs, ayant pour but l'exploitation d'élévateurs pneumatiques. Deux de ces engins furent immédiatement commandés, mais lorsqu'ils arrivèrent à Anvers, les autorités communales, dont dépendent les bassins, refusèrent l'autorisation de les exploiter. Pendant des mois, ils restèrent immobilisés et il fut sérieusement question de les envoyer à Gand, qui ne demandait pas mieux que de détourner à son profit l'important trafic des grains. Finalement, un vote du conseil communal confirma le maintien du principe de la régie et décida l'achat des deux élévateurs par la Ville, laquelle les exploiterait pour son compte. C'est ainsi que, péniblement, on commença à en faire usage vers le milieu de 1911.

Le rendement théorique des deux premiers engins, qui est contractuellement de 200 tonnes à l'heure, n'a été en moyenne que de 82 1/2 tonnes en 1911 et de 88 tonnes en 1912, chiffre maintenu en 1913. Ce fait est dû, sans doute, en partie à la multiplicité des parcels à débarquer, mais aussi et avant tout aux lenteurs administratives, à l'exploitation défectueuse des engins et à la défaveur dont ils ont été l'objet par suite des clauses anticommerciales du contrat de location que la Ville s'est obstinée longtemps à imposer aux locataires. La situation du port a récemment fait l'objet d'un long rapport de la Section des expéditeurs rhénans au Comité central de la Chambre de Commerce d'Anvers. Voici en quels termes il traite du morcellement des lots de grains.

« Tout s'enchaîne : causes et effets. Par suite du fret rhénan plus élevé d'Anvers, par suite de la lentenr dans le transbordement et dans la réexpédition de la marchandise, la consommation en Allemagne évite autant que possible le port d'Anvers et oblige son vendeur d'outremer à lui offrir de grandes quantités à Rotterdam. Il ne reste donc à nous que les petits parcels, qui sont une des causes principales de la lenteur dans le transbordement et l'expédition. Ceci rend également plus difficile l'emploi régulier des élévateurs qui accéléreraient beaucoup le transbordement, et plus onéreuse la manutention de la marchandise pendant le délai de séjour des navires rhénans ; ceci aussi est la cause de ce que les élévateurs qu'exploite la Ville ne permettent pas de donner leur rendement normal. »

La campagne menée récemment par tous les organismes commerciaux d'Anvers en faveur de l'exploitation des élévateurs en libre concurrence a une fois de plus échoué. Nous voici en 1914: à Rotterdam, il y a vingt-six élévateurs fonctionnant bien; notre port est doté de quatre élévateurs fonctionnant mal, et nous assistons, impuissants, à un dépérissement dangereux de notre commerce de transit. En décembre 1913, l'Administration communale vota enfin l'achat de huit élévateurs nouveaux.

Nous avons signalé, un peu plus haut, l'énorme extension prise par le port de Rotterdam dans le courant de ces dernières années. A ce sujet, nous nous en voudrions de ne pas faire mention de la lenteur que les autorités ont mise à Anvers à doter le port des emplacements, bassins et autres installations, réclamés par le commerce... Nous voulons parler, entre autres, du bassin de concentration des céréales, dont il a été si souvent question. Les grains encore invendus séjournent d'habitude à Anvers dans des allèges servant de magasins; ces allèges jaugent 100, 200 ou 300 tonnes environ; elles sont affrétées pour séjour ou bien pour séjour et ou voyage. Dans le premier cas, elles ne quittent pas le port et la marchandise qu'elles contiennent en est transbordée ou mise sur wagon ou chariot lors de la vente; dans le second cas, le batelier transporte le grain à l'intérieur du pays, par exemple, au moulin de l'acheteur, et ce moyennant le fret prévu pour un grand nombre de destinations au moment où la marchandise a été transvasée dans le bateau. En dehors des quelque 300 allèges qui ne quittent jamais le port, il y en a environ 600 à 700 (le nombre est difficile à déterminer, puisqu'il y a beaucoup de bateaux hollandais, français et allemands) qui fréquentent le port de façon irrégulière. Pour le plus grand ennui du commerçant en grains et plus spécialement des intermédiaires qui doivent aller examiner sur place la qualité du grain mis en vente, ces allèges sont toutes disséminées dans le port ; souvent elles doivent se déplacer d'un bassin à l'autre ; bref, elles sont d'ordinaire introuvables et toujours à des distances considérables les unes des autres, ce qui cause des pertes de temps précieux.

Voici bientôt dix ans qu'a été conçue l'idée de concentrer dans un seul bassin toutes les allèges portant des grains ; voici plus de six ans qu'elle eût pu être réalisée sans le moindre inconvénient, et toutes les démarches des organismes compétents : Chambre de Commerce, Association pour la protection du commerce des grains, etc., viennent seulement d'aboutir, à l'heure qu'il est, à faire voter par le conseil communal le cahier des charges pour le creusement du dit bassin de concentration. Les travaux nécessaires pourraient être achevés dans quelques mois, mais le cahier des charges n'exige l'achèvement que dans deux ans et nous pouvons à peine espérer voir réaliser en 1916 des travaux absolument indispensables qu'on eût pu exécuter dès 1906.

*
* *

Nous avons déjà signalé que Rotterdam détournait une grande partie du trafic des céréales destinées aux régions de l'est et du sud de la Belgique. En dehors des causes déjà examinées, cette situation est due en partie à la difficulté des communications entre Anvers et Liége par voie d'eau. Depuis combien d'années le commerce anversois n'insiste-t-il pas sur la mise à grande section du canal de la Campine ? Notre commerce de transit vers l'Allemagne souffre énormément, lui aussi, des entraves à la navigation. L'espoir qu'on nous avait donné de voir un jour un canal à grande section relier l'Escaut au Rhin faiblit tous les jours un peu plus ; bientôt, sans doute, dans la poussière des cartons, le dernier projet s'en ira dormir son dernier sommeil.

M. ARTHUR DE TREMMERIE,
Président du Comité du Marché à terme de Céréales d'Anvers.

M. ALFRED SCHUCHARD,
Président de l'Association pour la protection du commerce de Grains et Graines d'Anvers.

M. ALBERT GOLDSCHMIDT,
Président de la Section des Grains et Graines de la Chambre de Commerce d'Anvers.

M. JEAN DELVAUX,
Président du Cercle des Courtiers en Grains et Graines d'Anvers.

Les expéditions par la voie de l'Escaut vers l'Allemagne et la Hollande se font par le canal de Hansweert, que les Pays-Bas ont dû construire dans l'île de Zuid-Beveland en vertu d'un traité international. Ce canal est notoirement insuffisant pour le prodigieux trafic actuel ; il est pourvu de deux écluses d'entrée trop petites pour les traînes ; de fréquents et grands retards se produisent dans leur fonctionnement ; leur position, au surplus, est mauvaise par rapport aux courants et de nombreux bateaux sont en conséquence entraînés sur les digues. On demande le dédoublement de ce canal et son amélioration à tous les égards.

On préconise, d'autre part, la percée du barrage de Woensdrecht, établi entre la terre ferme et l'île de Zuid-Beveland pour le passage des trains venant de Flessingue, le barrage pouvant être remplacé par un pont. Cette percée serait complétée par la mise en état navigable de la passe existant entre la terre ferme et l'île de Tholen. Ces améliorations, qui pourraient se faire à peu de frais, raccourciraient le trajet d'environ soixante kilomètres, supprimeraient diverses passes dangereuses entre les îles zélandaises et permettraient aux bateaux d'éviter des éclusages onéreux et de longue durée.

Nous nous permettons d'exprimer ici l'espoir que les autorités compétentes prendront à cœur de remédier promptement au déplorable état dans lequel se trouvent les voies de communication reliant la Belgique à ses voisins du nord et de l'est.

*
* *

Puisque notre étude porte sur le commerce des céréales, le lecteur doit s'attendre à quelques détails touchant le négoce en céréales et, vraiment, nous serions bien aise de pouvoir faire droit à ce légitime désir. Ce nous est malheureusement moins facile qu'il ne semble, car, du vrai négoce en céréales, il reste peu ou prou.

Dans le commerce de grains, on comprend, sous ce vocable, le fait d'importer en gros pour son propre compte, avec ses propres capitaux, généralement à un prix comprenant seulement le coût, le fret et l'assurance jusqu'à Anvers.

La transaction ainsi commencée se complète par la revente sur d'autres contrats, sur d'autres termes de livraison, à d'autres conditions d'expédition, de paiement, etc. Ces opérations se faisaient, à l'achat, par l'entremise d'agents en relations avec les maisons d'exportation et à la vente, par l'entremise de courtiers représentant le meunier ou le marchand de grains, habitant l'intérieur du pays.

La concurrence, de jour en jour plus vive, et la nécessité d'éliminer les entremises onéreuses, ont, depuis quelques années, modifié profondément la physionomie du commerce des grains. C'est ainsi que les courtiers, c'est-à-dire les représentants désintéressés des meuniers, disparaissent lentement mais sûrement. Sans doute, il reste encore, ci et là, quelques vieux courtiers forts d'une clientèle fidèle ; les autres, le grand nombre, végètent. Graduellement, ceux-ci se sont transformés en négociants important les grains et les revendant directement à la consommation.

* * *

Nous aurons l'occasion d'examiner plus loin le résultat de cette transformation, tant à leur point de vue qu'à celui du consommateur, mais nous voudrions au préalable passer en revue la situation actuelle des agents. Malheureusement, elle n'est guère plus brillante que celle des courtiers. Le rôle de ces intermédiaires consistait à vendre aux négociants de la place pour le compte des maisons d'exportation du Danube, de l'Amérique du Nord et du Sud, etc.

Le développement considérable du trafic entre Anvers et les centres exportateurs du bassin de la Mer Noire décida plusieurs maisons d'exportation étrangères à ouvrir à Anvers ce que nous pourrions assez justement appeler des « comptoirs de vente », à telles enseignes que presque toutes les grandes maisons d'exportation de la Roumanie et de la Bulgarie ont leur propre succursale à Anvers, par l'intermédiaire de laquelle elles traitent toutes leurs affaires, ne laissant rien à nos agents nationaux. Ce fait n'a rien d'anormal, il se rencontre à travers toute l'histoire du commerce. Grâce à la faveur dont jouissent les blés et autres grains du Danube, ces succursales de maisons d'exportation danubiennes acquirent rapidement sur notre marché une importance considérable, car elles ne se contentèrent pas de jouer leur rôle d'exportateurs, vendant exclusivement en gros aux négociants anversois, mais elles se mirent bientôt à traiter avec les consommateurs par l'intermédiaire des courtiers, dont maintenant elles se passent très volontiers, quand elles le peuvent. Une ou deux récoltes manquées dans leur pays d'origine, ont développé chez elles le goût de l'importation des autres pays producteurs, de sorte qu'elles se sont, petit à petit, identifiées avec les négociants importateurs d'Anvers. Depuis, leur importance sur notre marché n'a fait que croître dans de fortes proportions et l'on peut dire que les maisons ayant en quelque sorte des attaches intimes avec les exportateurs du Danube, forment le groupe le plus important des commerçants en grains d'Anvers.

Il est facile de deviner que le résultat le plus clair de cette évolution a été la mise en disponibilité d'un grand nombre d'agents « pour cause de suppression d'emploi ».

Cependant, leur situation n'est pas aussi mauvaise en ce qui concerne la Russie. Les exportations de ce pays vers notre marché ne sont pas assez régulières, ni assez importantes pour justifier la création chez nous de succursales proprement dites des maisons d'exportation russes, de sorte que ces dernières doivent forcément passer par l'intermédiaire d'agents établis sur notre place; par contre, maintes d'entre elles ont des succursales en Suisse ou dans diverses villes de la région rhénane, et c'est aussi par l'entremise de ces dernières que les agents anversois écoulent les céréales de la Russie méridionale.

Toutes différentes se présentent les affaires d'exportation de la République Argentine et de l'Inde. Le commerce d'exportation de ces pays n'est pas dû à l'initiative de commerçants indigènes, mais a été créé de toutes pièces par de puissantes maisons européennes, qui s'y sont fixées, y ont établi des comptoirs d'achat et expédient les produits du sol à leur maison-mère. Ce commerce se trouve pour ainsi dire monopolisé par quelques maisons ayant sur notre place des agences chargées de la vente.

Jadis, les agents, ainsi que les succursales des maisons d'exportation étrangères, avaient l'habitude de ne traiter qu'à des conditions mettant seuls le fret et l'assurance maritime à charge des exportateurs et laissant aux négociants importateurs anversois tout le risque ainsi que le bénéfice de l'importation et de la revente en consommation. Peu de maisons respectent encore ces traditions. De plus en plus, elles achètent les grains au pays d'origine en leur propre nom et par conséquent en qualité de commissionnaires, et les revendent à d'autres conditions aux consommateurs, leur accordant des termes de crédit parfois bien longs et courant ainsi les risques que ces opérations comportent. Les agents, pas plus que les négociants ni les courtiers, ne s'en sont donc tenus à leur rôle primitif.

Exception faite pour quelques firmes jouissant de correspondants et clients fidèles, la situation du marché des grains à Anvers, au point de vue des personnes qui y sont engagées, peut se résumer à peu près en ces termes : les maisons existantes gardent et les nouvelles adoptent une étiquette à leur choix, celle d'agence, succursale, négoce, importation ou courtage, mais en pratique elles achètent de la première main (du producteur) pour vendre le plus possible à la consommation (au meunier, au malteur, au brasseur, au petit détaillant du pays, etc.)

Cette situation est-elle favorable au producteur et au consommateur? Nous pensons pouvoir répondre négativement, car il est indéniable que l'intermédiaire placé ainsi entre deux intérêts radicalement opposés, c'est-à-dire le sien et celui de ses correspondants ou clients, hésitera rarement à sauvegarder tout d'abord le sien, tandis que dans l'ancien système sa commission ou son courtage représentait une équitable rémunération du travail qu'il fournissait pour compte de ses mandants.

Mais au moins, l'évolution a-t-elle été heureuse pour le commerçant anversois ? Nous en doutons très sincèrement ; la réponse négative s'impose même, lorsqu'on fait le départ entre les maisons vraiment prospères et celles qui voudraient l'être.

Les causes de cet état de choses sont multiples, mais nous pouvons les ramener à trois principales que nous allons successivement analyser.

*
* *

La cause qui nous apparaît comme la plus néfaste réside dans la concurrence outrée qui règne dans le commerce des grains. Les maisons s'occupant à Anvers de la vente en gros de cet article sont au nombre de trois cents environ. On peut dire qu'une petite trentaine d'entre elles se réservent les trois quarts de l'ensemble de toutes les affaires, de sorte que les autres se disputent avidement les miettes du quart restant. Le fait n'étonne pas lorsqu'on sait avec quelle facilité on peut s'établir négociant en grains. Bien d'autres professions sont pratiquement fermées à l'intrusion de nouveaux éléments ; des associations, des syndicats groupent les membres de la même profession ; il faut des protections puissantes et un stage assez long pour être admis. Il n'en va pas de même dans le « coin des grains. » L'accès de celui-ci est ouvert au premier venu ; il lui suffit d'envoyer une belle circulaire annonçant son établissement et de l'orner d'une ronflante adresse télégraphique et d'une couple de numéros de téléphone (dont un au domicile particulier), pour être reçu avec les meilleurs égards. Si l'on peut mentionner le chiffre d'une commandite, au besoin toute imaginaire, l'effet sera excellent. Quant à conclure des affaires, rien n'est plus facile. Le premier jour on achète deux centimes plus cher que le concurrent, on vend deux centimes meilleur marché et on est d'emblée consacré commerçant en grains.

Telle est, sans exagération, la facilité avec laquelle l'on s'établit à Anvers, dans le commerce des grains. Quoi d'étonnant donc que la profession ait été envahie? Elle l'a été surtout par des étrangers : Roumains, Russes, Polonais, Allemands, etc., formant une population très cosmopolite, où domine l'élément sémitique, souvent plus patient, plus actif, plus uni, plus âpre au gain que l'élément indigène. Loin de nous d'ailleurs l'idée que cette situation soit absolument nuisible à notre commerce de grains, car celui-ci s'est développé dans des proportions colossales; en cinquante ans, le mouvement commercial a plus que décuplé à Anvers; on peut toutefois se demander, avec beaucoup de raison, si ce que d'aucuns prétendent être l'*effet* de cette invasion n'en est pas en réalité la *cause;* d'autres pays, comme l'Angleterre, la France, etc., ont également vu se développer leur commerce de céréales malgré qu'il y ait eu, dans ces pays, fort peu d'intrusion étrangère.

On comprend, dès lors, que la population du « coin des grains » n'est pas des plus stables. En dix ans, voire en cinq ans, il s'y produit des modifications très notables. A côté de l'élément indigène, il y a l'élément international: gens qui viennent, gens qui séjournent quelques années, gens qui s'en vont.

Rares sont les commerçants en grains qui ont le courage de se retirer des affaires quand leur fortune est faite, mais trop nombreux sont ceux que le sort, à certain moment, favorise, pour les délaisser bientôt après. Ce fait est si exact qu'on trouverait peu de commerçants en grains à Anvers, dont à un moment donné le crédit ne fut sérieusement ébranlé. Un trop grand nombre d'entre eux sont allés même plus loin: ils n'ont pu faire face aux pertes énormes qui se sont accumulées et ils se sont tirés du mauvais pas où ils s'étaient engagés en ayant recours au concordat préventif de la faillite ou au sursis de paiement.

Parmi les causes du manque de prospérité relative des commerçants en grains, nous devons signaler la pénurie de capitaux disponibles. Si nous ne tenons pas compte de six comptoirs de vente de céréales de l'Argentine établis à Anvers, nous trouvons qu'il reste à peine cinq maisons travaillant avec un capital-argent effectif supérieur à un million de francs ; nous n'en trouvons pas dix opérant avec un capital-argent compris entre un million et cinq cent mille francs ; une quinzaine disposent tout au plus de deux cent à cinq cent mille francs, une vingtaine de cent à deux cent mille francs. Toutes les autres travaillent avec moins de cent mille, l'on pourrait dire avec moins de cinquante mille francs. Cette situation constitue, à notre avis, pour le commerce des grains, une véritable calamité, car, comme nous l'avons démontré au commencement de cette étude, le mouvement commercial est très intense à Anvers. Que fait donc le négociant lorsque la marchandise arrive à destination ? Il devrait en payer la valeur à l'exportateur pour pouvoir en disposer librement ; mais il n'en fait rien : il la laisse en gage à ce mont-de-piété du commerce qu'est la banque. Celle-ci, très souvent, doit se mettre en ses lieu et place, lever les documents, prendre réception de la marchandise, la mettre en allège et la conserver jusqu'à ce que les circonstances en rendent la vente possible. Quand le commerçant l'aura vendue, il la facturera et fera traite en son nom sur son client, mais cette traite, aussitôt revenue, sera remise au banquier en apurement du compte. Le banquier court donc incontestablement des risques assez considérables; il lève les documents pour compte de son client jusqu'à concurrence d'environ quatre-vingts à quatre-vingt cinq pour cent de la valeur de la marchandise; si la dépréciation de la marchandise dépasse les quinze pour cent restants, le banquier n'est plus couvert. Or, quand on n'a en mains que les documents relatifs à une marchandise non encore arrivée, la dépréciation n'est pas toujours facile à déterminer; d'autre part, si la marchandise est mal livrée et que le vendeur, condamné à payer une forte bonification pour moins-value, oublie de régler le décompte final et de payer la différence, le banquier est derechef à découvert; ce cas se présente encore si, au débarquement, on constate un manquant de poids, sans parler de la falsification des connaissements et d'autres fraudes dont le banquier peut être victime.

Comme ce n'est pas le rôle du banquier de jouer le négociant importateur, il confie assez volontiers à son client les documents de mer au moment de l'arrivée de la marchandise, pour que ce dernier puisse en prendre réception, opérer le transbordement, etc. Il a soin de lui recommander vivement de remettre sans retard les titres de propriété de la marchandise, lorsque la réception sera terminée. Les banquiers ne supportent pas volontiers tous ces risques sans amples dédommagements. Ils prélèvent sur toutes les opérations faites avec les commerçants en grains, des commissions très lourdes. Ces commissions prennent les noms les plus divers ; citons au hasard la commission ordinaire de compte-courant, la commission de caisse, la commission de ducroire, la commission d'acceptation, la commission de découvert, etc. Nous l'avons démontré et nous le répétons, ces prélèvements se justifient par les risques courus et par le manque de capital-argent dont dispose le commerce des grains à Anvers, et que celui-ci est forcé de remplacer par du capital-crédit, mais il n'en est pas moins vrai que la nécessité de cette perpétuelle intervention bancaire constitue un danger, car, lorsque les affaires tournent mal et qu'un fonds de résistance fait défaut pour supporter un mouvement prolongé de hausse ou de baisse, le banquier peut couper le crédit, obliger son client à liquider précipitamment et l'acculer ainsi à la ruine.

*
* *

Il y a, malheureusement, encore d'autres obstacles à la prospérité de nos commerçants en grains et nous ne pouvons passer sous silence les frais généraux considérables qui grèvent leur budget. Parfois, ils n'atteignent pas 25 p. c. du bénéfice brut, mais la proportion oscille d'habitude entre 30, 50 et 75 p. c. Nombreux sont d'ailleurs les bilans où plus de la moitié du bénéfice brut est absorbé par les frais de toute nature. La composition du bureau d'un commerçant en grains « up to date » comprend, en effet, un personnel assez considérable et bien rémunéré, s'il est de quelque valeur. Il comprend aussi un certain nombre de voyageurs visitant la clientèle meunière et fréquentant les bourses de l'intérieur du pays.

Mais comme il se fait que le client est déjà harcelé de grand matin par une douzaine ou une vingtaine de fournisseurs, qui d'Anvers lui téléphonent ou lui télégraphient les dernières nouvelles avec des offres fermes à l'appui, les affaires conclues par les voyageurs, en concurrence acharnée entre eux, ne sont pas extrêmement nombreuses, tandis que les frais déboursés largement pour le compte du patron se ressentent vivement de la vie chère. Alors, pourquoi maintenir ce système onéreux ? Il le faut bien, puisque le concurrent le fait. Et puis, ne se berce-t-on pas toujours de cette douce illusion qu'on est plus habile que lui et qu'on fera mieux que lui ? Le personnel sédentaire du bureau, par contre, téléphone, télégraphie, fait la correspondance et envoie les échantillons. Ces diverses fonctions absorbent énormément d'argent, car elles ne sont pas seulement quotidiennes, elles sont de toutes les heures, de tous les instants : coups de téléphone en service interurbain ou en service international, câbles coûteux vers l'Amérique du Nord et du Sud, vers les Indes, l'Australie, etc., se succèdent rapidement.

*
* *

Au demeurant, on ferait volontiers ces dépenses s'il en résultait toujours une affaire lucrative, mais il n'en est rien ; il n'est pas rare qu'on fasse journellement des frais pendant des semaines ou des mois avant d'arriver à conclure une transaction. Si encore les affaires, une fois conclues, étaient des affaires d'or ! Il s'en faut malheureusement de beaucoup. Aussi les commissions ou courtages que touche l'intermédiaire ont été terriblement ébréchés depuis quelques années, c'est à ne plus les reconnaître; jadis, ils comportaient de 1 1/4 p. c. à 1 1/2 p. c. du prix de vente ou 25 centimes par 100 kilos, et tous les frais des câbles envoyés à l'étranger étaient à charge de l'exportateur; aujourd'hui, la commission est tombée à 1/2 p. c., chacun supportant ses propres frais ; les Américains mêmes ne vendent que « net de commission », de sorte que l'Anversois n'a qu'à s'adjuger ce qu'il peut. Quant au courtage sur les affaires faites avec l'intérieur du pays, l'Allemagne ou la Hollande, il est devenu tout simplement dérisoire. Nominalement, il est encore de 13 centimes par 100 kilos pour le blé et 14 ou 15 centimes pour les fourrages, mais les trois quarts des affaires se concluent avec « demi-courtage » et l'intermédiaire peut encore s'estimer heureux si le client n'exige pas qu'il lui en ristourne une fraction.

Le négociant (nous avons vu que tout le monde est devenu plus ou moins négociant) est-il mieux partagé ? Non. Il court des risques nombreux et variés tant à l'achat de la marchandise qu'à la revente en consommation;

Une salle de la Chambre arbitrale et de conciliation pour Grains et Graines d'Anvers.

Un coin du Marché à terme de Céréales d'Anvers.

nous en avons d'ailleurs dit assez long en parlant des banquiers, et nous ne signalerons ici que le nombre prodigieux de mauvaises créances qui entrent dans le portefeuille du vendeur. L'acheteur exige des crédits à long terme et à l'échéance il paie souvent en monnaie de singe. Un assez grand nombre d'affaires se traitent aussi pour livraison éloignée entre un négociant et un intermédiaire ; le second achète provisoirement en son propre nom et promet de désigner plus tard un acheteur définitif, avec cette stipulation qu'il encaissera le bénéfice éventuel d'après le prix de cette affaire et le prix auquel il aura lui-même revendu la marchandise, et, par contre, il supportera éventuellement la différence en perte. De telles opérations permettent au soi-disant intermédiaire de spéculer sans bourse délier, car il se contente de régler la différence lors de la livraison de la marchandise ; mais trop souvent il n'est pas chez lui quand on présente la quittance pour la perte subie. Malgré tous ces risques, le commerçant en grains se contente d'ordinaire d'un bénéfice minime, n'ayant pas la patience d'attendre que les prix aient beaucoup haussé ; d'autre part, lorsque la baisse se déclare, il n'a pas le courage de se débarrasser de sa marchandise à perte ; et il assiste, consterné et impuissant, à la dégringolade des cours, se disant à part lui que les prix ne peuvent tarder à remonter. Hélas ! ce moment, parfois, se fait bien longtemps attendre...

*
* *

Mais tout cela est peu de chose ! Tel que nous le connaissons, le commerçant en grains a la résignation et l'espérance faciles, avec une confiance justifiée en partie, d'ailleurs, par les brusques sautes de vent qui caractérisent le marché. Celui-ci est infiniment plus sensible que les meilleurs thermo-baromètres. En quelques heures, il passe tour à tour du calme à la tempête, du temps maussade au beau fixe ; le matin il fait froid, chaud à midi, avec température caniculaire en bourse, glacée après communication des cours d'ouverture de Chicago.

## Divergences entre les Statistiques des Céréales

---

Comme au cours de cette étude sur les grains, nous avons eu fréquemment recours à la statistique, quelques considérations s'imposent sur les divergences, parfois sensibles, que nos lecteurs pourraient trouver en comparant nos chiffres avec ceux puisés à d'autres sources. Nos données ont été contrôlées dans la mesure du possible au moyen des statistiques fournies par l'office de la statistique annexé au Ministère de l'Agriculture et des Travaux publics de Belgique, par la Chambre de Commerce d'Anvers, par l'Institut International d'Agriculture de Rome et par les organismes compétents des pays exportateurs.

Multiples sont les causes des divergences dont s'agit. En voici quelques-unes qui s'appliquent plus particulièrement au commerce des grains. Les bases des évaluations ne sont pas identiques dans tous les pays exportateurs et importateurs. Ainsi les quantités expédiées de l'Amérique, des Indes et de l'Australie sont indiquées en mesure et poids anglais et notamment en bushels, en quarters ou en livres. Or, le quarter, par exemple, qui est en réalité une mesure de capacité, comme l'hectolitre, ne désigne plus, dans la pratique des affaires, le volume mais bien une certaine unité de poids conventionnelle correspondant à peu près au poids d'un quarter de marchandise. Suivant la nature et la provenance du grain, le quarter de blé représente 480, 492, 496 et 500 lbs. (livres anglaises), c'est-à-dire 217.10 kg., 222.94 kg., 224.75 kg. et 226.56 kg.; d'autre part, il y a des quarters de 304, 320 et 336 lbs pour l'avoine ; il y en a de 400 pour l'orge, il y en a de 410, 416, 426 et 448 pour la graine de lin. La réduction des mesures et poids étrangers en kilogrammes ne se fait pas de la même façon par tous les pays continentaux importateurs et par tous les statisticiens.

Les chiffres que l'on pourrait comparer entre eux ne s'appliquent pas toujours aux mêmes époques. Ainsi, lorsque certains gouvernements renseignent les exportations d'une année déterminée, l'unité de temps s'étend, non sur l'année du calendrier grégorien, c'est-à-dire du 1 janvier au 31 décembre, mais bien sur «l'année agricole» qui, dans certains pays, s'étend du 1 août au 31 juillet, du 1 mars au 28 février de l'année suivante, etc. D'autre part, le calendrier julien, restant en vigueur en Russie et dans les Etats balkaniques, les exportations de ces pays ne correspondent pas avec les importations des pays de destination. Il en est de même des exportations, par exemple, de l'Amérique du Sud, des Indes ou de l'Australie, pays dont les produits arrivent à destination un ou deux mois après leur départ. Les quantités exportées ne correspondent donc que partiellement avec les chiffres renseignés par les pays importateurs pour la même époque.

Les cargaisons de grains changent souvent de destination en cours de voyage, ou encore le pays de destination figurant sur la déclaration en douane n'est en réalité qu'un pays de transit. Ces cargaisons originaires du Danube, de la mer Noire, des Indes, etc. sont dirigées vers le détroit de Gibraltar et les exportateurs les déclarent en destination de l'Angleterre, ne sachant pas où elles seront déchargées ; les capitaines de ces navires reçoivent en cours de route, à Gibraltar ou ailleurs, l'ordre de poursuivre leur voyage jusqu'à Anvers, Hambourg, etc., et d'y débarquer leur cargaison. Dans ce cas, le chiffre des exportations vers l'Angleterre sera grossi au détriment de celui de la Belgique ou de l'Allemagne et comme ces derniers pays publient les statistiques des importations, la divergence entre les statistiques des pays exportateurs et importateurs est fatale, bien compréhensible, mais difficile à éviter.

De même lorsque les céréales sont vendues à Anvers ou à Rotterdam, le pays exportateur renseigne la Belgique ou les Pays-Bas comme pays destinataire de cette marchandise. Or, comme Anvers et Rotterdam ont un transit considérable vers l'Allemagne et que les autorités douanières allemandes exigent la preuve de l'origine des céréales au moment du passage de la frontière en vue de l'application des tarifs douaniers, les statistiques allemandes renseignent les importations réelles, par exemple, des blés de l'Argentine, tandis que l'Argentine ne renseigne pas, dans la même mesure, l'Allemagne comme destinataire de ses produits.

Enfin, une grande source de divergences réside dans les erreurs matérielles de transmission et d'impression des chiffres.

Le lecteur qui voudra donc étudier à fond les statistiques d'un pays déterminé devra, dans chaque cas particulier, tenir compte des conditions spéciales dans lesquelles elles ont été établies. On s'occupe activement dans divers pays de l'élaboration d'une réglementation internationale en matière de statistiques (1).

(1) Le 31 décembre 1913, un traité instituant un Bureau de statistique internationale a été conclu entre trente Etats.

## Le Marché à terme et la Caisse Internationale

---

Rarement il y a du nouveau dans le « coin des grains »; l'année 1911 fait exception à la règle.

Grand remue-ménage, en effet, il y a quelque trente mois, à propos de la création d'un *Marché à terme de céréales* sous les auspices de la *Caisse Internationale de liquidation et de garantie des opérations en marchandises.*

Comme son nom l'indique, la Caisse Internationale compense entre eux tous les contrats d'un même article conclus à des conditions identiques à tous égards sauf en ce qui concerne le prix et elle en garantit la bonne fin tant au vendeur qu'à l'acheteur. Les articles dont il s'agit sont le blé, le maïs et l'orge, outre le café, le caoutchouc, le coton et l'huile pour lesquels le marché à terme est organisé sur d'autres bases. A défaut de caisse de compensation, le vendeur original doit facturer la marchandise à son acheteur, celui-ci la facture à son tour à un autre acheteur, ce dernier la facture également au sien, et ainsi de suite jusqu'au consommateur qui en prend définitivement réception. Dans ce système, chaque acheteur et chaque vendeur débourse la totalité de la contre-valeur de la marchandise et se fait payer de même de son acheteur. D'autre part, les mises à disposition vont d'acheteur en acheteur et les instructions d'expédition envoyées par celui qui a l'intention de prendre réception de la marchandise, passent par les mains de tous les vendeurs intermédiaires jusqu'à celui qui met la marchandise en circulation. Chaque acheteur intermédiaire est responsable vis-à-vis de son vendeur et, en sa qualité de revendeur, il assume tous les risques de la solvabilité de son acheteur. La Caisse Internationale s'est assigné le double but de simplifier énormément toutes ces écritures et de rendre les opérations absolument sûres. Dans cet ordre d'idées, elle se substitue à l'acheteur vis-à-vis du vendeur et au vendeur, vis-à-vis de l'acheteur. Son organisation est telle que tous les vendeurs et acheteurs intermédiaires se font payer par elle les bénéfices qu'ils retirent de la revente de la marchandise ou viennent payer entre ses mains toutes les pertes qu'ils subissent ; ces intermédiaires disparaissent donc et ne laissent plus en présence que le premier vendeur qui fournit la marchandise et le dernier acheteur qui en prend réception. Pour se prémunir contre des pertes éventuelles pouvant résulter de l'impuissance de l'un ou de l'autre à payer les différences en perte qu'il subit, la Caisse Internationale exige tant du vendeur que de l'acheteur, au moment de l'enregistrement de la transaction, une certaine garantie en espèces ou en fonds de premier ordre appelée « déposit original ».

De plus, chaque fois que les cours accusent une différence en perte, l'interessé est tenu de la combler immédiatement par le versement de la contre-valeur de cette perte.

La société dont il s'agit met un local à la disposition du commerce de céréales, moyennant une cotisation annuelle de trois cents francs par firme. Ce local est situé près de la bourse des marchandises et est aménagé un peu sur le modèle des grandes bourses anglaises et américaines: les membres ont à leur disposition de nombreux journaux, plusieurs raccordements téléphoniques pour les communications urbaines, interurbaines et internationales, un raccordement spécial pour la réception et la transmission des dépêches, les cours des bourses étrangères, bref, tout le confort souhaitable. Au centre de la salle se trouve le « pit » ou corbeille, c'est-à-dire un ensemble octogonal de gradins concentriques. Sur les gradins intérieurs se tiennent vendeurs et acheteurs, ils disent à haute voix les prix auxquels ils désirent opérer et concluent les affaires entre eux, chaque prix énoncé constituant une offre ferme que tout membre présent peut accepter. Tout les cours « vendeur » et « acheteur » ainsi que les cours « faits » sont inscrits par un employé sur un grand tableau noir accroché au mur. Le soir venu, les membres envoient un bordereau de leurs opérations à la Caisse Internationale, laquelle dès lors se porte fort de la bonne fin des transactions.

Nous sortirions de notre rôle en développant ici une théorie sur l'utilité ou l'indispensabilité des affaires à terme; bornons-nous à dire que la création du marché à terme de céréales a jeté une note nouvelle dans notre commerce, qu'elle a donné lieu à un genre d'affaires spéciales, qu'elle a instauré de nouvelles habitudes, et a été cause d'un plus grand mouvement de marchandises; enfin, que l'œuvre, accueillie au début avec des sourires sceptiques, s'est affirmée viable et apte à recevoir avec le temps un développement considérable.

Le marché à terme est dirigé par un comité composé, outre le directeur de la Caisse Internationale et le secrétaire du Marché, non sujets à élection, de huit menbres nommés pour un terme de deux ans. Chaque année quatre membres sont sortants et non rééligibles. Les membres du comité sont nommés, moitié par la Caisse Internationale et moitié par voie d'élection à l'assemblée générale du mois de décembre.

Voici la composition du comité pour l'année 1914 : Président : M. Arthur De Tremmerie; vice-président : M. Lucien Lang ; secrétaire : M. Paul Van Hissenhoven; membres : MM. Walter Borchers, Henri Claessens, Erich Friedeberg, Henri Haim, Gustave Lehmann, Auguste Pieraerts, directeur de la Caisse Internationale et Eugène Van Rompa.

Les experts sont nommés chaque année par le comité et sont rééligibles. Ils sont répartis en deux classes : les experts pour blé et ceux pour maïs et orge.

Les experts pour blé nommés pour l'année 1914 sont MM. Henri Claessens, Louis Criquillion, Jules Fribourg, François Grell, John Grell, Hermann Haim, Harry Heinemann, Max Kamnitzer, Lucien Lang, président du collège des experts, François Mertens, D. Méry, Ferdinand Schlomer, Charles Van de Wiele et Albert Verbeeck.

Les experts pour maïs et orge sont : MM. J. S. Aftalion, Walter Borchers, Bernard Diamant, François Grell, Hermann Haim, Sigmund Hirsch, Désiré Laloux, Gustave Lehmann, Mathieu Macar, Anatole Marlier, François Mertens, Adolphe Meyer, Constantin Nicolopulo, Albert Verbeeck et Ludwig Weismann.

---

## Chambre arbitrale et de conciliation pour grains et graines

Le commerce de grains est si complexe, il se transforme si rapidement, les usages y sont donc si peu stables, des intérêts si divers et si opposés s'y heurtent à tout instant, que fatalement surgissent des différends nombreux et délicats.

C'est en vue de les résoudre qu'en 1872 se constitua la *Chambre arbitrale et de conciliation pour grains et graines d'Anvers.* Jusque là les différends qui ne pouvaient se régler à l'amiable devaient être tranchés comme toutes les affaires commerciales par les tribunaux consulaires. Mais peut-être plus que toutes autres, les transactions en céréales sont hérissées de difficultés, dont seuls les experts en la matière peuvent saisir la portée. Déférer pareils différends aux tribunaux ordinaires, c'était devoir se résigner à patienter d'ordinaire des mois, souvent des années, pour voir intervenir une solution, alors qu'en matière de grains, il importe que le différend soit tranché sans retard. C'était s'exposer à des frais bien supérieurs à ceux réclamés par la Chambre arbitrale. On peut dire qu'ici la justice est, en général, expéditive, que les frais sont relativement minimes, enfin — et argument capital — que les sentences sont rendues par des arbitres rompus aux affaires faisant l'objet des litiges. Au surplus comme les compromis confèrent aux arbitres la qualité d'amiables-compositeurs, ils ne sont pas tenus, par dérogation à la loi, de décider rigoureusement d'après les règles du droit ; il se basent très souvent, non sur la lettre même des conventions, mais sur leur esprit et les usages admis.

La Chambre arbitrale est composée de membres effectifs et de membres adhérents ; ces derniers n'entrent dans la première catégorie qu'après trois ans. Le corps des arbitres pour grains se compose de vingt-quatre membres ; ceux-ci sont élus au scrutin secret à la pluralité des voix par les membres effectifs et parmi ceux-ci ; ils sont renouvelables par moité tous les six mois et ne sont rééligibles qu'après un intervalle de six mois. Le corps des arbitres désigne dans son sein un président, deux vice-présidents et un secrétaire-trésorier.

L'administration de la Chambre arbitrale est assurée par un greffier sous la direction duquel se trouve le personnel.

On a célébré cette année le vingt-cinquième anniversaire de l'entrée à la Chambre arbitrale de M. Ed. Van Gael, le greffier actuel.

Les arbitres jugeant en première instance sont au nombre de trois. A l'occasion de chaque litige, le président tire au sort les noms des arbitres appelés à siéger ; ceux-ci entendent les parties et rendent leur sentence à la pluralité des voix. Pour chaque arbitrage en première instance, il est perçu une redevance d'un par mille sur la valeur de la marchandise au prix de vente, avec un minimum de cinquante frans ; chaque arbitre a droit à un jeton de présence.

Jusqu'en ces dernières années, les sentences étaient rendues sans appel ; heureusement cette lacune a été comblée par l'institution de la juridiction d'appel au sein de la Chambre arbitrale. La faculté d'appel appartient aux deux parties, quelle que soit l'importance du litige. Toutefois, l'appel n'est pas recevable dans certains cas, par exemple, lorsqu'il s'agit de constater ou de taxer la moins-value de conditionnement de la marchandise, parce que ce conditionnement est exposé à se modifier en très peu de jours, parfois même en peu d'heures, ou encore, lorsque l'appel n'a pas été interjeté dans les quatorze jours de la réception de la sentence ; il n'est pas recevable non plus de la part de la partie qui aurait fait défaut en première instance, à moins que soit fournie justification de ce défaut. Les arbitres d'appel siègent au nombre de cinq ; ils sont désignés par le sort comme en première instance et doivent confirmer la sentence qui leur est soumise, à moins que quatre d'entre eux n'en votent la modification. Les frais sont triples de ceux de première instance, néanmoins le maximum est de mille francs.

La Chambre arbitrale a été l'objet d'âpres critiques et les sentences rendues par elle n'ont pas toujours eu le don de plaire aux parties en cause, qui souvent oublient qu'elles n'ont que vingt-quatre heures pour maudire leurs juges. Exagérément louée par les uns, très vivement critiquée par les autres, elle ne mérite, croyons-nous, ni cet excès d'honneur ni cette sévérité. La Chambre arbitrale, en effet, a rendu au commerce des grains des services très précieux qui, dans leur ensemble, rachètent largement les quelques imperfections qu'on lui reproche. Depuis sa fondation, elle n'a pas rendu moins de trente-deux mille sentences arbitrales, dont vingt mille au cours des vingt dernières années; elle a, en outre, procédé à environ vingt mille analyses et à environ huit mille constatations du poids spécifique. Ces dernières ne s'y font que depuis quelques années. Pareille activité est incontestablement magnifique et les fondateurs ne se sont guère doutés que leur œuvre pût être aussi féconde. Si l'on songe un instant à l'encombrement fantastique que tous ces litiges en grains auraient créé au tribunal de commerce en l'absence de chambre arbitrale, au temps infini que ces affaires auraient traîné devant cette juridiction, si l'on veut se rappeler, en outre, qu'il y a à Anvers beaucoup de maisons étrangères qui durent fort peu et auraient disparu, dissoutes, faillies ou auraient obtenu un concordat avant le prononcé du jugement, nous pouvons dire sans arrière-pensée que la Chambre arbitrale a bien mérité du commerce des grains.

Quant aux critiques qu'on fait valoir à sa charge, elles consistent à dire que certains arbitres manqueraient parfois de compétence ou d'impartialité. Nous pourrions mentionner que les justiciables ont élu leurs propres juges et que, dès lors, ils auraient mauvaise grâce à dénoncer tardivement des défauts incompa-

*Ce cliché a été gracieusement offert par M. Hugo D. Lehmann.*

Le Marché à terme de Céréales d'Anvers.

tibles avec la bonne exécution de leur mandat. Mais nous n'insistons pas et nous examinerons plutôt les griefs dont il est question. Pour la compétence, il faut distinguer entre celle qui concerne les questions de qualité de la marchandise et celle qui touche aux questions juridiques proprement dites. Si les jugements au sujet de litiges concernant la qualité, rendus par des hommes de métier qui s'occupent journellement depuis vingt ou trente ans du même article, ne donnent pas satisfaction, nous nous demandons s'il est possible de créer un organisme plus apte à juger ces différends. A cet égard, il y a cependant une réserve à faire; le sort appelait parfois des arbitres, experts en blé, à taxer une moins-value de qualité d'une partie d'orge ou d'avoine et certains arbitres négligeaient de se récuser ce qui faisait que l'une des parties en cause était nécessairement exposée à subir un préjudice sérieux. Heureusement la Chambre arbitrale a récemment augmenté le nombre de ses arbitres et les groupe immédiatement après leur élection, en experts en blé, en orge, en seigle, etc. de sorte que la critique que nous venons d'examiner sera dorénavant sans fondement. Et, au surplus, il faut bien le dire à la décharge de certains arbitres, les échantillons prélevés au moment de la livraison de la marchandise ne représentent pas toujours fidèlement celle-ci, à raison d'erreurs voulues ou involontaires; la sentence arbitrale, tout en étant parfaitement équitable, peut donc léser l'une des parties de façon flagrante. Quant à la « compétence » des arbitres en matière juridique, elle peut parfois être critiquée, mais il ne faut pas perdre de vue qu'il ne s'agit pas tant d'ergoter à perte de vue sur des questions de *droit* que de dire simplement « ex æquo et bono » laquelle des parties est dans son *bon droit*. On a souvent préconisé d'adjoindre aux arbitres un docteur en droit. Certes, dans les cas particulièrement complexes, on a recours aux lumières d'un juriste, mais la généralisation du système ne nous semble pas une panacée pour les motifs que nous avons examinés et parce qu'il faut avoir été pendant de nombreuses années dans le commerce des grains et continuer à rester en contact avec lui pour en connaître à fond les us et coutumes si nombreux et si changeants.

On reproche parfois aux arbitres d'avoir un intérêt dans le litige qu'ils sont appelés à juger.

Il est possible qu'au cours des quarante ans d'existence de la Chambre arbitrale, pareil fait se soit présenté, mais il est certain que le cas est rare et qu'il peut se rencontrer dans toutes les juridictions du monde.

Au surplus, nous sommes d'avis que, pour prévenir jusqu'à l'ombre d'un reproche, les arbitres devraient trancher les différends relatifs à la qualité sans savoir ni d'où vient la marchaudise ni où elle va ; un jeu de numéros d'ordre suffirait à assurer le bon fonctionnement de la mesure préconisée.

La Chambre arbitrale comprend environ trois cents membres. Le corps d'arbitres pour grains, en fonctions du 1er octobre 1913 au 31 mars 1914 comprend : Président : M. Henri Claessens ; vice-présidents : MM. Louis Criquillion et Louis Landau ; secrétaire-trésorier : M. L. Theelen.

Arbitres - négociants, agents et/ou industriels :

MM. Henri Aerts, Georges Collignon, Mosco Danon, Charles Doom, Victor Fould, Paul Gevers, François Grell, Hermann Haim, Joseph Herkens, Carl Hirschler, Louis Landau, Charles Raymaeckers, Corneille Schilperoort, Norbert Van Beylen, François Vanderstraeten et Albert Woog ; Arbitres-courtiers : MM. Louis Bervoets, Henri Claessens, Jean Delvaux, John

Grell, Philippe Lauwers, Guillaume Quaeyhaegens, L. Theelen et Henri Willems. (*)

---

## Contrats en usage.

Quels sont les contrats qui régissent les transactions en grains?

Jadis, les affaires en céréales étaient régies exclusivement par les coutumes et par les conventions particulières. Ces coutumes, mal définies laissaient la porte ouverte aux interprétations les plus variées et la diversité des contrats compliquait inutilement les affaires. En 1878, la Chambre de Commerce (alors connue sous le nom de Société Commerciale, Industrielle et Maritime) entreprit la rédaction de formules uniformes qui serviraient de base à toutes les transactions en céréales. Une

(*) Au moment de la mise sous presse, nous recevons communication du résultat des élections. Celles-ci ont appelé aux fonctions d'arbitres pour la période du 1er avril 1914 au 30 septembre 1914 : Président : M. Henri Claessens ; vice-présidents : MM. G. L. Stuyck et Louis Criquillion ; secrétaire-trésorier : M. Albert Verbeeck ; arbitres-négociants, agents et/ou industriels : MM. Henri Aerts, Arth. De Tremmerie, Charles Doom, Alex. Dossaer, Victor Fould, Jules Fribourg, Paul Gevers, Hermann Haim, Joseph Herkens, Carl Hirschler, Georges Krug, Sem Levy, Mathieu Macar et Corneille Schilperoort ; arbitres-courtiers : MM. Louis Bervoets, Henri Claessens, Jules Lommaert, Guillaume Quayhaegens, Ferdinand Schlomer, Alfred Van de Wiele, Albert Verbeeck et Henri Willems.

quinzaine d'années plus tard, ces contrats furent approuvés par la Chambre arbitrale pour grains et graines qui, se chargeant de leur impression, les reconnaissait comme la codification des conditions d'Anvers. Souvent modifiés, entièrement remaniés en 1908 et derechef revisés en avril 1913 et en 1914, les contrats pour grains et graines de la Chambre arbitrale sont maintenant au nombre de dix-neuf; il y a des formules distinctes pour les affaires avec la mer Baltique, avec les Etats-Unis, avec la mer Noire et avec La Plata; il y en a pour les affaires coût, fret et assurance, c'est-à-dire pour les affaires d'importation proprement dites; il y en a pour les affaires « en transbordé » et pour celles qui prévoient la réexpédition vers un port de l'hinterland; il y a des formules pour les affaires à livrer, à terme et « sur bonne arrivée » du navire porteur de la marchandise.

Un grand nombre d'affaires cependant — et parmi elles les plus importantes — ne se concluent pas sur base des conditions de la Chambre arbitrale d'Anvers, mais bien aux conditions de la London Corn Trade Association (Association de Londres pour le commerce de grains). Il existe une soixantaine de formules de contrat distinctes. Presque tous les chargements complets, de quelque provenance qu'ils soient, se traitent sur les contrats de Londres. Il en est de même des blés des Indes et de l'Australie, ainsi que de nombreux « parcels » de blés de La Plata vendus coût, fret et assurance jusqu'à Anvers, mais toutes les affaires conclues avec la consommation, notamment les affaires « sur wagon » ou « transbordé » dans le bateau du réceptionnaire, se font aux conditions de la Chambre arbitrale.

Les contrats de la Chambre arbitrale prévoient la compétence exclusive de celle-ci pour tous les litiges nés des ventes confirmées sur ses formules ; de même les parties, par le fait de la signature d'un contrat de la London Corn Trade Association reconnaissent la compétence de celle-ci ; dans les deux cas, elles renoncent à tout recours aux cours et tribunaux.

Examinant plus loin l'organisation de ces juridictions arbitrales, nous n'insisterons pas.

Depuis trois ou quatre ans, la plupart des affaires coût, fret et assurance jusqu'à Rotterdam, relatives aux grains provenant de la Baltique, de la mer Noire, de la mer d'Azoff et du Danube se concluent sur les contrats dits allemands-néerlandais. Nous signalons le fait en passant, parce qu'il se traite à Anvers d'assez grandes affaires avec stipulation de livraison de la marchandise à Rotterdam. (*)

---

(*) Voici la liste des contrats de grains de la Chambre arbitrale et de conciliation pour grains et graines d'Anvers :

No 9. 1914. — Contrat Mer Baltique, Mer du Nord et Mer blanche : Chargements grains, graines, etc. c. i. f. Rye terms.

No 10. 1914. — Contrat Mer Baltique et Mer du Nord : Grains, graines, etc. Parcels c. i. f. continent. Rye terms.

No 11. 1914. — Contrat Mer Baltique et Mer du Nord : Grains, graines, ect. Parcels c. i. f. continent. Tale quale.

No 12. 1913. — Contrat Etats-Unis et Canada : Grains, graines, etc. Parcels c. i. f. continent. Tale quale.

No 14. 1914 — Contrat Mer noire, Azoff, Danube et Méditerranée : Grains, graines, etc. Parcels c. i. f. continent. Rye terms.

No 15. 1913 — Contrat La Plata : froments. Parcels c. i. f. continent. Rye terms.

No 15 a. 1913. — Contrat La Plata : Grains, graines, etc. autres que froment. Parcels c. i. f. continent. Rye terms.

No 16. 1914. — Contrat sur bonne arrivée : Grains, graines, etc. autres que de la République Argentine et de l'Uruguay, transbordé ou sur wagon.

No 17. 1914. — Contrat sur bonne arrivée : Grains, graines, etc. autres que de la République Argentine et de l'Uruguay, avec réexpédition c. i. f.

No 18. 1914. — Contrat à terme : Grains, graines, etc. transbordé ou sur wagon.

No 19. 1914. — Contrat à terme : Grains, graines, etc. avec réexpédition c.i.f.

No 20. 1914. — Contrat sur livraison : Grains, graines etc transbordé ou sur wagon.

No 21. 1914. — Contrat sur livraison : Grains, graines, etc. avec réexpédition c. i. f.

No 24. 1913. — Contrat sur bonne arrivée : Froment de la République Argentine et de l'Uruguay, transbordé ou sur wagon.

No 24 a. 1913. — Contrat sur bonne arrivée : Grains, graines, etc. autres que froment de la République Argentine et de l'Uruguay, transbordé ou sur wagon.

No 25. 1913. — Contrat sur bonné arrivée : Froment de la République Argentine et de l'Uruguay, avec réexpédition c. i. f.

No 25 a. 1913 — Contrat sur bonne arrivée : Grains, graines, etc. autres que froment de la République Argentine et de l'Uruguay, avec réexpédition c. i. f.

## La juridiction arbitrale à l'étranger.

---

Ceux qui décrient l'organisation de la Chambre arbitrale prônent d'ordinaire le système anglais ou allemand. Nous jetterons un rapide coup d'œil sur la manière dont fonctionnent en Angleterre, en Hollande ou en Allemagne, les institutions analogues de juridiction amiable.

Lorsqu'un différend surgit au sujet de l'interprétation ou de l'exécution d'un contrat de la London Corn Trade Association, les intéressés (vendeur et acheteur) nomment chacun leur arbitre. A défaut, par l'un des intéressés, de faire cette nomination, il y est procédé par l'Association elle-même. Les deux arbitres ainsi désignés nomment un tiers-arbitre, appelé à les départager en cas de désaccord. S'ils ne parviennent pas à s'entendre pour le choix de ce tiers-arbitre, c'est l'Association qui, derechef, pourvoit à la nomination d'office.

Sauf ces deux éventualités, l'organisme collectif n'intervient dans les arbitrages de première instance que d'une façon toute secondaire : en mettant ses locaux à la disposition des parties, et en faisant établir par un de ses comités les « standards » destinés à servir de base aux arbitrages concernant les ventes « faq » ou « sur standard » (qualité bonne moyenne de la saison).

L'intervention de la London Corn Trade Association devient, par contre, très active dans les arbitrages d'appel. Les différends doivent alors être tranchés par cinq arbitres d'appel qu'elle choisit sur une liste arrêtée par elle au commencement de chaque exercice. La sentence de première instance ne peut être modifiée en appel qu'après accord de quatre arbitres sur cinq.

Nous pensons pouvoir affirmer que le système en honneur à Londres n'est pas idéal. Il y a à cela plusieurs motifs, parmi lesquels nous citerons notamment les suivants :

1. Les frais que les arbitres sont autorisés à porter en compte sont assez élevés: pour les arbitrages portant sur la qualité et le conditionnement, ils sont de £ 1.10.0 à £ 6.6.0 par arbitre, suivant la quantité ; pour les sentences rendues sur les questions de principe, ils sont laissés à la discrétion absolue des arbitres. Il en résulte qu'à Londres le métier d'arbitre n'est pas, au point de vue rapport pécuniaire, à dédaigner. Force est de reconnaître qu'à Anvers il est moins lucratif.

2. Lorsqu'une des parties a un intérêt majeur à retarder le prononcé de la sentence, elle ne manque pas d'user de tous moyens dilatoires pour arriver à ce résultat, d'où souvent, dans les arbitrages de Londres, peu de célérité.

3. Les parties, dit-on, désignent leur « arbitre ». C'est là un mot mal approprié. C'est leur « avocat » qu'il faudrait dire. Au plus habile des deux échoit souvent la victoire.

Mais, dira-t-on peut-être, et le tiers-arbitre ? Nous ne méconnaissons pas son influence. Seulement, comme il est nommé par les deux premiers, dans cette nomination même l'emporte le plus habile de ceux-ci, faisant tous ses efforts pour que soit désigné un sur-arbitre dont personnellement ou par des précédents, il connaît d'avance les opinions et les tendances.

Non : le système de Londres ne semble pas le meilleur, et nous n'en voulons pour preuve que les expériences plutôt désagréables qu'en ont faites nombre de négociants et meuniers belges.

Deux mots maintenant de la façon dont nos voisins hollandais et allemands traitant sur contrats allemands-néerlandais, font trancher leurs litiges.

Avant 1904, chaque partie nommait son arbitre, les deux arbitres ainsi nommés en désignaient à leur tour un troisième pour les départager. Ce système ne tarda pas à donner lieu à des abus considérables, les principaux exportateurs et importateurs ayant l'habitude de choisir comme arbitre leur propre contrôleur de cargaisons, ou même un de leurs employés, en d'autres termes de confondre en la même personne la qualité de juge et celle de partie. D'autre part, les échantillons n'étaient nullement à l'abri de manipulations et falsifications.

Depuis 1904, cette situation a subi des modifications. Mais le principe ne semble pas avoir été atteint bien profondément. C'est ainsi que chaque partie désigne toujours un arbitre de son choix, dans une liste de 52 arbitres élus chaque année au scrutin secret. L'on ne perçoit pas bien en quoi le système de Rotterdam serait supérieur à celui de Londres, les défauts que nous avons signalés au sujet de cette dernière organisation se retrouvant ici dans des conditions similaires.

Le même règlement existe à Mannheim et à Berlin. Dans cette dernière ville, les arbitres sont au nombre de quatre-vingts environ. Il est peu probable que sur ce nombre les intéressés ne puissent éventuellement trouver tel ou tel arbitre plutôt disposé à défendre leur cause qu'à la juger avec la sincérité et l'indépendance nécessaires.

---

## Section des grains et graines de la Chambre de Commerce

La Chambre de Commerce, instituée dans un but de défense des intérêts généraux du commerce de la place comprend plusieurs sections (actuellement trente-cinq) s'occupant des questions qui se rattachent plus particulièrement au commerce de leurs membres. Outre les délégués élus chaque année à l'assemblée générale de décembre, tous les présidents de sections font partie, de droit, du Comité central de la Chambre de Commerce. Celle-ci comprend environ quinze cents membres dont à peu près trois cent cinquante sont inscrits comme membres de la Section des grains et graines.

Au cours des dernières années, cette section s'est occupée, entre autres, de la question des frais de réception des marchandises transbordées en rade, de celle des élévateurs pneumatiques et de celle de la concentration du trafic des céréales. Elle a délégué quelques-uns de ses membres aux congrès que le Deutscher Handelstag a tenus à Berlin et St. Petersbourg.

L'arrivée à Anvers de cargaisons de céréales fortement mélangées d'avoine (la seule céréale payant un droit d'entrée), ainsi que la rentrée dans le pays de sacs usagés nécessita l'intervention — heureuse d'ailleurs — de la Section des grains.

D'accord avec diverses autres sections, elle eut à s'occuper également des heures de travail au port, de la pénurie du matériel des chemins de fer et de la défectuosité des installations du port, de même que de l'élaboration de conditions équitables pour la navigation intérieure, la navigation belgo-rhénane et belgo-hollandaise ; enfin, à diverses reprises, elle intervint avec succès en vue de la modification de l'horaire des trains de bourse de Bruxelles, Gand, Liége, etc.

La Chambre de Commerce publie un bulletin hebdomadaire contenant les procès-verbaux des séances du Comité central et des études sur les questions qui ont plus particulièrement retenu son attention.

Le Rapport annuel du Comité central donne

un aperçu succinct des travaux que celui-ci a effectués pendant l'exercice prenant fin.

Enfin, un volumineux Rapport de la Chambre de Commerce, dont les très intéressantes « Considérations générales » sont élaborées par M. Ant. Moortgat, greffier de la Chambre, rend compte, chaque année, du mouvement commercial, industriel et maritime de la place d'Anvers. Il contient, en outre, la statistique sommaire du commerce et de la navigation aux XIXe et XXe siècles, transmise par l'Office de Statistique universelle d'Anvers, dirigée par M. Fréd. Peters, greffier-adjoint de la Chambre,

Le Bureau de la Chambre de Commerce pour l'exercice 1914 est composé comme suit :

Président : M. Charles Corty ; vice-présidents : MM. Edgard Castelein et Joseph Danco ; secrétaire : M. Théodore Kreglinger ; trésorier : M. Georges Block.

Le comité de la Section des grains et graines est composé de :

Président : M. Albert Goldschmidt ; vice-président : M. Pierre Van Hinderdael ; secrétaire : M. Alexandre Dossaer ; conseillers : MM. Louis Criquillion, Jean Delvaux, Arthur De Tremmerie, Eugène Herkens, André Morren et Léon Rigole.

## Association pour la protection du commerce des grains et graines

L'Association pour la protection du commerce des grains et graines d'Anvers a été constituée, sous la forme d'une union professionnelle, le 3 Octobre 1907 et a obtenu sa reconnaissance légale le 16 Mai 1908.

L'Association a pour but d'étudier, de protéger et de développer les intérêts professionnels des négociants en céréales, notamment en poursuivant le maintien et l'établissement d'usages équitables et la suppression des abus ; en procurant aux membres de l'Association toutes les informations intéressant collectivement leur branche de commerce, et en poursuivant aux frais de l'Association, soit en demandant, soit en défendant, les procès qui présentent un intérêt général pour le commerce des céréales.

La création de l'Association a été provoquée par le lock-out intervenu lors de la grève de 1907, qui lésait considérablement les intérêts du commerce des grains, ainsi que par les nombreuses difficultés résultant des allègements en rade des navires de mer dont le tirant d'eau ne permettait pas l'entrée directe dans les bassins, avant l'ouverture de l'écluse Royers.

La première année de sa constitution, l'Association a eu à connaître de quatre vingt-dix-neuf affaires intéressant le commerce d'Anvers, dont cinquante-neuf cas concernant la question des frais d'allègement en rade ; d'après des estimations modérées, le commerce des grains a économisé pendant ce premier exercice, sur les règlements des comptes d'allègement, une somme d'au moins cent mille francs.

A la même époque, cet organisme s'est occupé de la réalisation de la concentration du trafic des céréales dans le port d'Anvers, question soulevée périodiquement depuis plus de vingt-cinq ans, sans résultats. Après plusieurs années d'efforts, grâce aux démarches incessantes et pressantes des représentants de l'Association auprès des autorités communales, provinciales et gouvernementales, la promesse de la construction d'un bassin spécialement affecté au commerce des grains a enfin été obtenue.

Dès la création de l'Association, le Comité s'est occupé de la réforme de la manipulation des céréales, qui ne se maintenait pas à la hauteur du progrès ; il a soutenu l'introduc-

La Caisse Internationale de Liquidation et de Garantie des opérations en marchandises d'Anvers.

tion des élévateurs flottants et continue à s'occuper des conditions de leur emploi, ainsi que du règlement à l'amiable des conflits surgissant entre les divers intéressés, au sujet de l'application des clauses existantes ; elle s'est mise d'accord à ce sujet avec la Ville, le commerce maritime et les négociants en grains.

La question de l'outillage mécanique, pour la manipulation des grains au bassin en construction, fait l'objet d'études spéciales qui se poursuivent conjointement avec la Ville.

Les modifications profondes qui se sont produites dans la situation du commerce des grains, le développement des ports concurrents ainsi que la transformation des moyens de manipulation, ont nécessité une revision des barèmes d'accostage et l'examen de diverses règles émanant de coutumes et d'usages établis ; cette dernière question fait actuellement l'objet des travaux du comité.

Depuis 1909, l'Association publie hebdomadairement une cote journalière, mentionnant le prix des principales sortes de céréales traitées sur notre place ; cette cote est destinée à servir de base à la liquidation à l'amiable des décomptes de répartition pour les marchandises chargées ensemble pour divers réceptionnaires qui sont porteurs de connaissements. Cette cote admise par les membres de l'Association a rendu les plus grands services au commerce de la place qui l'a adoptée.

L'Association s'est également intéressée à la réglementation de la prise d'échantillons, dans le but de réfréner les abus existants et la Ville lui a, dans cette circonstance, accordé un appui efficace.

L'Association compte soixante-treize firmes adhérentes. Elle est dirigée par un comité-directeur de sept membres élus par l'assemblée générale annuelle qui se réunit au mois de décembre.

Voici la composition du comité-directeur pour l'excercice 1914 :

Président : M. Alfred Schuchard (à la tête de l'Association depuis 1907) ; vice-président : M. Arthur De Tremmerie ; secrétaire : M. Sem Levy (également en activité depuis 1907) ; trésorier : M. Jules Grell, membres : MM. Mosco Danon, Hermann Haim et François Van der Straeten.

Nous ne voulons terminer ce paragraphe sans rendre un hommage bien mérité à M. Alfred Schuchard, président de l'Association pour la protection du commerce de Grains et Graines depuis sa fondation. C'est en très grande partie grâce à son énergie persévérante que l'Association a obtenu en peu d'années de si heureux résultats parmi lesquels il y a lieu de citer tout particulièrement la concentration du trafic des céréales et la construction d'un bassin spécial.

Espérons que lorsque les nouvelles installations seront baptisées et officiellement inaugurées, on se souviendra de ceux qui se sont plus particulièrement acquis un titre à la reconnaissance du commerce des grains.

---

## Cercle des Courtiers en grains et graines

Le Cercle des Courtiers en grains et graines fut fondé le 25 janvier 1898.

Il a pour but la défense des intérêts professionnels de ses membres et le développement ainsi que l'entretien des sentiments de bonne confraternité entre ces derniers.

Le tiers des recettes, versé dans une caisse spéciale, est destiné à venir en aide aux membres que des revers de fortune auraient placés dans la nécessité.

A chaque renouvellement semestriel des membres-arbitres de la Chambre arbitrale pour grains et graines, le Cercle ouvre un poll pour désigner les arbitres qu'il désire voir élire à l'élection de la Chambre arbitrale.

Le Cercle compte 110 membres. Il est dirigé par un comité central de quinze membres dont le tiers est renouvelé tous les ans à l'assemblée générale qui se tient en janvier ; en voici la composition pour l'exercice 1914 :

Président : M. Jean Delvaux ; vice-présidents : MM. Ferdinand Schlomer et Henri Willems ; secrétaire : M. Gustave Huybrechts ; secrétaire-adjoint : M. Henri Servais ; trésorier : M. Victor Wouters ; membres : MM. Henri Claessens, Achille De Smedt, Gustave De Surgeloose, Arthur De Tremmerie, Xavier Duquenne-Scuvie, Constant Hansenne, Harry Heinemann, Fançois Van Hoof et Charles Verhezen.

## Documentation

Les journaux techniques les plus importants à l'usage du commerce des grains, sont, outre les journaux locaux tels que La Métropole, Le Matin, etc., le Beerbohm's Corn Trade

List, le Dornbusch's Floating Cargoes Evening List de Londres et le Broomhall's Corn Trade News de Liverpool, mais celui-ci arrive trop tard à Anvers pour présenter mieux qu'un intérêt rétrospectif. Il y a lieu de mentionner également les statistiques de l'Institut International d'Agriculture de Rome, dont les publications, puisées aux sources officielles et transmises par voie administrative, paraissent avec de trop grands retards et ne servent au commerce de grains qu'à la documentation générale. Par contre, un service très rapide est organisé par l'Agence Havas de Paris et Reuter's Telegram C° de Londres, représentées en Belgique par M. G. Hirsch de Bruxelles. Cette agence s'est spécialisée dans la distribution des statistiques et des cours des bourses de grains de Chicago, New-York et Buenos-Ayres, ainsi que de tous les centres européens importants, tels Londres, Liverpool, Berlin, Paris, etc. Moyennant une redevance annuelle modique, les abonnés reçoivent à domicile des bulletins renseignant les statistiques et les cours de ces marchés.

## Conclusion

Quelques mots de conclusion à cette étude s'imposent.

Tout est-il pour le mieux dans le « Coin des grains ? »

Nous ne pouvons répondre à cette question d'une façon absolue. D'une part, le commerce de céréales s'est développé à Anvers dans de très grandes proportions : d'année en année, sauf l'année dernière, le trafic y devient plus considérable et seul le port de Rotterdam accuse un chiffre d'importations plus élevé. D'autre part, de puissantes maisons sont établies à Anvers et y entretiennent un commerce florissant, source de grandes richesses pour diverses branches de l'activité industrielle et commerciale. Nous citerons les travaux de chargement, de déchargement, de transport, etc., l'intervention des banquiers, assureurs, fournisseurs, etc. De plus, le commerce, dans son ensemble, se trouve bien organisé, grâce, entre autres, à l'usage généralisé des contrats de la Chambre arbitrale et à l'institution d'une juridiction arbitrale spéciale. La création du marché à terme de céréales est de date trop récente pour que ses résultats puissent dès à présent être appréciés à leur juste valeur. Enfin les organismes préposés à la défense des intérêts du commerce, notamment la Section des grains de la Chambre de Commerce et l'Association pour la protection du commerce de grains et graines s'acquittent vaillamment de la tâche qu'ils se sont imposée.

Mais regardons aussi sans crainte le revers de la médaille et déplorons, outre le manque de capitaux, l'encombrement de la carrière par des maisons trop prêtes à avoir recours à des moyens critiquables pour équilibrer leur budget. Constatons à regret que la progression de notre trafic ne va pas de pair avec celle de notre principal concurrent, le port de Rotterdam et exprimons, en conclusion, l'espoir que les autorités compétentes, suffisamment averties du danger que court le commerce de céréales à Anvers, se décideront à pourvoir à un meilleur outillage du port et à des communications plus faciles avec l'intérieur et l'hinterland de la Belgique. C'est à ce prix que le Coin des grains à la Bourse d'Anvers conservera toute son importance pour le plus grand bien, non seulement de notre métropole commerciale, mais aussi, indirectement, de notre patrie.

# INDEX

# INDEX

Pages

Préface de M. Ch. Corty, président de la Chambre de Commerce . . . . . . . . . . . 5
Introduction . . . . . . . . . . . 7
Usages . . . . . . . . . . . . . . 8
Principaux pourvoyeurs . . . . . . . . . 10
Importations à Anvers et à Rotterdam . . . . . 20
Difficultés de la situation actuelle . . . . . . 22
Divergences entre les statistiques des céréales . . . 51
Le Marché à terme et la Caisse Internationale . . . 55
Chambre arbitrale et de conciliation pour grains et graines 60
Contrats en usage . . . . . . . . . . . 68
La juridiction arbitrale à l'étranger . . . . . . 72
Section des grains et graines de la Chambre de Commerce. 76
Association pour la protection du commerce de grains et graines . . . . . . . . . . . 79
Cercle des Courtiers en grains et graines . . . . . 83
Documentation . . . . . . . . . . . 84
Conclusion . . . . . . . . . . . . 86

www.ingramcontent.com/pod-product-compliance
Lightning Source LLC
LaVergne TN
LVHW020031170826
845678LV00001B/210

* 9 7 8 2 3 2 9 7 3 3 3 7 1 *